ARS

OUVERTURE DU TOMBEAU

ET RECONNAISSANCE DU CORPS

DU VÉNÉRABLE SERVITEUR DE DIEU

J.-M.-B. VIANNEY

CURÉ D'ARS

Le 12 Octobre 1885

Prix : 50 centimes

AU PROFIT DE L'ÉGLISE D'ARS

LYON

IMPRIMERIE ET LIBRAIRIE VITTE & PERRUSSEL

Imprimeurs de l'Archevêché et des Facultés catholiques de Lyon.

58, RUE SALA, ET PLACE BELLECOUR, 3 ET 5

1885

ARS

OUVERTURE DU TOMBEAU
ET RECONNAISSANCE DU CORPS
DU VÉNÉRABLE SERVITEUR DE DIEU

J.-M.-B. VIANNEY

CURÉ D'ARS

Le 12 Octobre 1885

Prix : 50 centimes

AU PROFIT DE L'ÉGLISE D'ARS

LYON

IMPRIMERIE ET LIBRAIRIE VITTE & PERRUSSEL

Imprimeurs de l'Archevêché et des Facultés catholiques de Lyon.

58, RUE SALA, ET PLACE BELLECOUR, 3 ET 5

1885

ARS

OUVERTURE DU TOMBEAU

ET RECONNAISSANCE DU CORPS

DU VÉNÉRABLE SERVITEUR DE DIEU

J.-M.-B. VIANNEY

CURÉ D'ARS

C'est au lendemain d'une journée bien solennelle que nous traçons ces lignes, et nous voudrions qu'elles fussent un écho fidèle des sentiments éprouvés le 12 octobre 1885; mais comment l'espérer? la tâche est si difficile lorsqu'il s'agit de reproduire les impressions de l'âme, et pourtant toutes les heures de cette journée doivent être à jamais gravées, non seulement dans les mémoires, mais encore sur des pages qui resteront au foyer des habitants d'Ars comme un papier de famille, et qui associeront les Pèlerins à nos émotions et à nos espérances.

Samedi, 10 octobre, Mgr Caprara, Promoteur de la la Foi, arrivait à Ars où sa présence annonçait deux événements importants : la fin prochaine du grand procès apostolique de la Cause du serviteur de Dieu et l'ouverture de son tombeau pour la reconnaissance de son corps. Le Prélat, à son départ de Rome, avait reçu la bénédiction de Sa Sainteté le Pape Léon XIII et ses encouragements pour l'œuvre qu'il venait accomplir; aussi toutes les sympathies l'accueillaient-elles, et Ars n'oubliera jamais cette visite qui lui a valu et laissé tant d'impérissables souvenirs.

Dimanche, à la Grand-Messe, M. Valansio, Sous-promoteur de la Foi, vicaire général, annonça aux paroissiens d'Ars la journée du lendemain, leur expliquant la cérémonie qui allait la rendre si solennelle pour eux, et leur donnant les avis de prudence dont l'Eglise entoure cette formalité du procès apostolique. L'attention du nombreux auditoire était grande, elle prouva que l'annonce était comprise et que les recommandations seraient observées.

En effet, si Rome nous permet d'espérer, nous ne devons pas prévenir ses jugements, et nous devons continuer la douce et volontaire mission que notre respect filial a commencée le 4 août 1859 : veiller et prier, veiller toujours avec amour et piété sur cette tombe, et prier Dieu, qui suscite les saints, d'inspirer à son Vicaire le jugement qui nous permettra d'invoquer dans l'avenir celui que nous vénérons dans le présent.

L'attention et l'intérêt redoublèrent quand, immédiatement après, on entendit l'éloquente allocution de M. le chanoine Pernet, qui, tout en restant dans les termes que comportent les circonstances sut trouver dans le sujet présent à tous les esprits, des considérations touchantes et de salutaires leçons.

La journée du dimanche toute entière fut une journée d'attente, comme une de ces veillées d'armes qui, autrefois, préparait aux émotions du lendemain. Le sanctuaire ne connut pas une heure d'abandon et de solitude; et quand vint le soir, on eut de la peine à décider les fidèles à se retirer... C'est qu'alors tout bruit extérieur ayant cessé, on restait plus seul en face de Dieu et de ses souvenirs ; le silence était profond ; une faible clarté laissait entrevoir la dalle de cette tombe qu'on allait ouvrir et qui depuis vingt-six ans était fermée... Vingt-six années! quelle épreuve pour une renommée, pour la durée d'un souvenir, alors que tout croule et se brise autour de nous, et que l'oubli enveloppe le cercueil d'un jour. Vingt-six années! et le temps s'est écoulé, les événements se sont succédé sans apporter à cette humble et modeste pierre l'indifférence qui recouvre si promptement les marbres élevés à la gloire humaine!

Ah ! sur la tombe du curé d'Ars, que l'on comprend bien la vérité de cette parole de la Sagesse : « Les âmes des justes sont dans la main de Dieu, et le tourment de la malice ne les touchera pas ; ils ont paru morts aux yeux des insensés, mais cependant ils sont en paix ».

Lundi matin, la nuit durait encore que la sainte messe se célébrait sans interruption à tous les autels ; à sept heures, Mgr l'Evêque de Belley, arrivé la veille au soir, après avoir offert le saint Sacrifice, fit tressaillir toutes les âmes en accordant, avec l'autorisation de Mgr Caprara, la faveur qu'attendait et désirait si vivement la paroisse, celle d'approcher du cercueil de son vénérable curé et de le revoir encore.

A huit heures, dans une salle de la cure, se réunirent les Prélats et les membres de la Commission, et devant ce tribunal imposant, en présence d'un certain nombre de témoins, le Postulateur de la cause, M. l'abbé Ball, Curé d'Ars, fit sa requête pour le grand acte qui allait s'accomplir, et sur la demande du tribunal, présenta l'acte d'inhumation du V. serviteur de Dieu, conservé aux archives de la commune et de la paroisse.

Des médecins furent nommés pour se prononcer sur l'état du corps : c'étaient les docteurs Missol, de Villefranche ; Desportes et Clugnet, de Trévoux. A genoux devant le crucifix, la main sur le saint Evangile, ils prêtèrent serment de remplir consciencieusement les fonctions de leur charge. Après eux, les ouvriers nécessaires à l'exhumation furent désignés et prononcèrent le même serment. Les ouvriers maçons étaient : MM. Antoine Mandy, adjoint de la commune, et ses deux fils, Antoine et Claude ; Jean Edouard et Noël Malcaus ; le menuisier, M. Peignaud, et le plombier, M. Monin, de Trévoux, avec un aide.

Ensuite on fit comparaître deux témoins qui avaient connu le vénérable curé, assisté à sa mort, à ses funérailles, et qui depuis cet événement, pouvaient affirmer leur résidence non interrompue à Ars. Le frère Athanase et M. François Pertinand, deux signataires de l'acte d'inhumation, cités à l'instant, après avoir de même prêté serment sur les saints Evangiles, répondirent aux demandes qui leur furent adressées sur le lieu, la forme et l'identité du tombeau du serviteur de Dieu. Puis, le tribunal, assisté des docteurs, se rendit à l'endroit indiqué. Là, les témoins, interrogés de nouveau, montrèrent le tombeau et affirmèrent que, depuis le jour où l'on y avait descendu le corps du vénérable Curé, aucune fouille n'y avait été pratiquée, et que l'on n'avait touché au sépulcre que pour enlever une petite barrière en fonte dont il avait été entouré, et pour abaisser au niveau du pavé de l'église la pierre tumulaire qui le dépassait un peu : changement fait quelque temps après la sépulture, sur le conseil de Mgr Frattini, alors Promoteur de la Foi, venu lui aussi à Ars dans un jour qui n'est pas oublié.

Les portes de l'église avaient été soigneusement fermées ; l'assistance occupait, avec les témoins admis, les places désignées et préparées d'avance. Le coup d'œil était saisissant ; entre les deux chapelles de Sainte-Philomène et de l'*Ecce homo*, sur trois rangs en hémicycle, étaient, en costume de chœur : au centre, Monseigneur l'évêque de Belley, président de la commission déléguée pour le procès apostolique ; Mgr Caprara, promoteur de la Foi, M. de Boissieu, vicaire général et vice-président, M. Valansio, vicaire général et sous-promoteur de la Foi, MM. les chanoines Pernet, Brachet, Viaillez et Costaz, juges, MM. Lombard et Moulin, notaires, et MM. les docteurs assermentés.

Au second rang : M. J.-B. Mandy, maire d'Ars et MM. G. Sève, F. Villet, M. Verchère, F. Frechet, F. Pertinand, B. Perrier, J. Thenon, conseillers municipaux ; M. J.-B. Mandy, président du conseil de fabrique, M. Mandy, trésorier, et les autres fabriciens, MM. B. Trève, Drémieux et Verchère. Puis auprès d'eux, et dans les chapelles de la Sainte Vierge, de Saint-Jean-Baptiste, M. le Curé d'Ars, MM. C.-J. Rougemont et Collet, vicaires et chapelains d'Ars, le R. P. abbé de la Trappe de N.-D.

des Dombes et son prédécesseur, le R. P. abbé Dom Benoit, le R. P. prieur de la Chartreuse de Sélignac, le R. P. Ambroise, prieur des Dominicains de Lyon, le R. P. sous-prieur des Cisterciens d'Hautecombe, M. le chanoine Collet, curé-archiprêtre de Trévoux, M. le chanoine Descôtes, supérieur des Missionnaires, M. le chanoine Faralicq, secrétaire général de l'Evêché, le R. P. Nicollet, Mariste, Procureur général de son ordre à Rome, Postulateur de la cause du Vénérable Père Chanel, et qui avait rempli les fonctions de Promoteur, au procès de l'ordinaire, dans la cause de M. Vianney, le T. H. Frère Robustien, Procureur général des Ecoles chrétiennes à Rome, MM. Dufour, Chavent, Masset, A. Rougemont, Pittion, missionnaires du diocèse, M. Vignon, curé de Dardilly, M. Desportes, prélat de Sa Sainteté, M. Bridet, curé du Saint-Sacrement, à Lyon, M. Réal, curé de Sainte Marie, à Saint-Etienne, M. Dubost, curé de Villefranche, M. l'abbé Débeney, M. l'abbé Tournassoud, les Frères de la sainte Famille, d'Ars et plusieurs ecclésiastiques des diocèses de Belley et de Lyon; plusieurs témoins, entr'autres M. Vianney, neveu du curé d'Ars, M. Faure de Labastie, le comte de Cibeins, le comte Léonor de Cibeins, M. Louis de Boissieu, ancien chef de division au ministère des cultes, M. C. Monin, notaire, ancien maire de Villefranche, M. Pictet, membre du conseil central de la Propagation de la Foi, Mlles des Garets d'Ars; Mmes de Cibeins, de Saint-Trivier, de Boissieu.

Au milieu de l'église, les ouvriers étaient seuls, et en habit de fête; le respect, l'ensemble, le silence avec lesquels ils travaillaient étaient admirables. On voyait que l'émotion chez eux dominait la fatigue et qu'ils comprenaient l'honneur qui leur était fait. Ils n'étaient pas seuls émus; toute l'assistance était dans le recueillement et dans l'attente; les souvenirs affluaient pendant cette démolition, et certainement bien des pensées accompagnaient la nôtre auprès de ces amis fidèles du curé d'Ars, qui avaient, le 16 août 1859, descendu dans le caveau ce cercueil qu'on allait remonter : M. l'abbé Toccanier, le comte des Garets d'Ars, le frère Jérôme, Catherine Lassagne, aides, soutiens et serviteurs dévoués du vénérable curé qui expira dans leurs bras; eux dorment aussi dans le Seigneur, mais leurs âmes n'étaient-elles pas là, dans cette église, pendant qu'on enlevait les pierres que leur vigilance filiale leur avait fait si bien cimenter?

Mais l'œuvre ne subissait aucun des relâches que prenaient nos pensées, on découvrait activement le caveau; déjà un premier frisson avait parcouru l'assemblée quand l'enlèvement de l'une des dalles qui supportaient la pierre sépulcrale avait permis d'apercevoir le cercueil. Mgr Caprara se tenait auprès des ouvriers, surveillant leurs opérations, faisant prendre les mesures de la pierre tombale pour les consigner dans le procès-verbal de l'exhumation; enfin, toutes les dalles étaient enlevées, et le cercueil était visible. A ce moment le silence qui devint profond fut la plus fidèle expression des battements de tous les cœurs; Mgr Soubiranne, comprenant les désirs de l'assistance, l'engagea à s'approcher pour voir plus distinctement la bière intacte du curé d'Ars. Si au commencement de notre récit nous trouvions difficile de décrire les émotions de la journée, combien cette tâche est-elle plus difficile encore lorsqu'il s'agit de parler de cet instant solennel ! Le cercueil du curé d'Ars ! Ah ! pour beaucoup, sa vue n'a-t-elle pas été la vision d'un passé qui ne peut s'oublier ? ne nous semblait-il pas revoir sur ce bois, sur ces couronnes conservées, la trace des larmes qu'on avait répandues alors qu'il se refermait et dérobait aux yeux de la paroisse celui qu'elle aimait tant ! Et il était là, on le revoyait encore, mais non plus avec douleur ; la consolation et l'espérance lui avaient succédé.

Lorsque tous les témoins se furent approchés, les ouvriers descendirent des cordes dans le caveau, et, appelant les conseillers pour les aider, ils remontèrent doucement le cercueil, puis, le plaçant sur leurs épaules, ils allèrent le déposer dans la nouvelle église sur le marchepied du maître autel, la tête du côté de l'évangile et les pieds du côté de l'épître.

Il reposait auprès de ce bas-relief où sainte Philomène est représentée enlevée par les anges au-dessus des flots de la mer ; la jeune martyre semblait sourire à son fidèle serviteur, à celui qui avait été l'un des premiers et des plus ardents propagateurs de son culte.

Mgr de Belley, Mgr Caprara, les membres de la Commission et quelques témoins entrèrent dans l'enceinte qu'entourait le reste de l'assistance ; chaque minute apportait une émotion nouvelle : Mgr Caprara prenant la parole, signifia la défense, sous peine d'excommunication *latæ sententiæ* réservée au Pape, de prendre ou d'introduire le moindre objet dans le cercueil qu'on allait ouvrir. Cette déclaration faite en latin, fut traduite à l'assemblée par Mgr Soubiranne.

Ensuite M. Valansio, se penchant sur le cercueil, enleva la poussière qui recouvrait l'inscription gravée sur une plaque de cuivre vissée à ce cercueil; M. Lombard lut à haute voix le texte conservé dans les archives de la commune, et M. le Vicaire général répétait après lui chacune de ces phrases, en les lisant sur l'inscription funéraire :

« Dans ce cercueil en bois de chêne et doublé en plomb, est renfermé le corps de Jean-Marie-Baptiste Vianney, né à Dardilly (Rhône), le 8 mai 1786, décédé curé d'Ars (Ain), le 4 août 1859, après avoir desservi cette paroisse pendant quarante-deux ans. Suscité de Dieu pour la conversion des pécheurs et la consolation des malheureux, il passait les jours et les nuits à les entendre, et chaque année des milliers de pèlerins venaient auprès de lui, attirés par l'odeur de ses vertus et les merveilles de sa sainte vie.

« Mgr Chalandon, évêque de Belley, le nomma chanoine honoraire du Diocèse; l'Empereur Napoléon III, Chevalier de la Légion d'honneur.

« A l'époque de sa mort, Mgr de Langalerie était évêque de Belley ; M. le comte des Garets, maire de la commune d'Ars ; M. l'abbé Camelet, supérieur des Missionnaires du Diocèse, et M. l'abbé Toccanier, vicaire de la paroisse. »

Après cette lecture, faite au milieu d'un silence profond, M. Peignaud, maître-menuisier, dévissa le cercueil de chêne, puis M. Monin, maître-plombier, descella celui de plomb; l'attente était vive, les désirs de tous soulevaient cette feuille de métal qui, en se repliant, laissa voir ce qui restait du curé d'Ars, de celui qui souriait de pitié en parlant de « son misérable cadavre. » Il apparaissait enfin cet homme de Dieu, couché dans ce cercueil où, depuis vingt-six ans, il reposait ! nous avions devant nos yeux le corps de ce prêtre admirable qui, pendant sa vie, semblait avoir oublié qu'il en avait un pour vivre de la vie des anges ! On le retrouvait, ayant subi, il est vrai, les lois de la nature, mais, d'après le rapport des médecins, dans un état de demi-conservation (1). Sur cette tête, dont autrefois le plus habile pinceau n'aurait pu reproduire l'expression, la mort avait fait son œuvre, laissant seulement la partie supérieure reconnaissable. Ces mains, qui avaient répandu tant de bénédictions, tant de pardons et d'aumônes, étaient noircies, sans doute par le temps, mais bien conservées ; elles reposaient sur la poitrine et tenaient le crucifix et le chapelet. Ces pieds, qui toujours avaient marché dans la voie des commandements, poursuivi tant de brebis égarées pour les ramener au bercail, portaient intacte la chaussure grossière qui témoignait de la pauvreté du serviteur de Dieu ; la soutane, le surplis n'avaient pas trop souffert des outrages du temps ; l'étole avait encore sa couleur primitive, et le rabat était comme au jour de l'inhumation.

A ce moment solennel, Monseigneur de Belley, voulant réaliser le désir exprimé par le Promoteur de la Foi, lui remit pour Sa Sainteté Léon XIII, le petit crucifix que tenait entre ses mains depuis tant d'années le serviteur de Dieu. Les docteurs-médecins firent

---

(1) Dans la prévision du cas où l'on n'aurait trouvé que des ossements, on avait fait des préparatifs pour les recueillir et les mettre en ordre. Mais devant ce corps conservé presque en entier et sans aucune dislocation des membres, Mgr le Promoteur de la Foi ne voulut pas qu'il fût sorti de la bière de plomb qui le renfermait.

leurs études et leurs observations qu'ils consignèrent dans un rapport écrit, rapport lu devant le tribunal, ratifié par chacun des docteurs et remis signé par eux, pour être inséré aux actes. Sa Grandeur fit ouvrir une des portes latérales de l'Eglise et on annonça aux paroissiens qu'ils pouvaient s'approcher des restes de Celui qui avait été leur père et leur pasteur. Cette nouvelle se répandit bien vite, et ce mot : « on peut le voir » fit en un instant le tour du village. L'élan fut général, le spectacle unique et émouvant; de toutes les maisons on accourut; les vieillards qui l'avaient connu, voulaient revoir cet ami d'un passé dont il est le plus doux souvenir ; les hommes, les femmes qu'il avait baptisés, instruits, voulaient se retrouver auprès du guide de leur jeunesse, et les enfants s'approchaient aussi avec bonheur, leurs parents leur ayant donné, avec la vie, le respect et l'amour du curé d'Ars.

L'*angelus* fit cesser ce mouvement; avant de se retirer les prélats firent recouvrir le cercueil et y apposèrent leurs sceaux. Aux portes fermées de l'église on plaça des gardes, et, pendant une heure et demie le curé d'Ars resta seul dans le sanctuaire de sa sainte bien-aimée. Seul, disons-nous ? oh non ! l'hôte du Tabernacle résidait à quelques pas de son serviteur ; et dans cette coupole dont il avait béni le plan et l'architecte (1), et où il venait pour la première fois, sainte Philomène ne lui apparaissait-elle pas radieuse de la gloire qu'il lui avait procurée ? Et plus haut, les anges de la clef de voûte penchés au-dessus de son cercueil n'abritaient-ils pas un frère ?

(1) M. P. Bossan.

A une heure et demie, Monseigneur de Belley, Mgr Caprara et les membres de la commission rentrèrent à l'église, brisèrent les sceaux et découvrirent de nouveau la bière, après avoir constaté avec le notaire que tous les sceaux apposés étaient restés parfaitement intacts. Au dehors la foule était dans l'attente ; et pour la faire circuler on avait établi un ordre admirable. Messieurs les Missionnaires du diocèse gardaient les portes d'entrée et de sortie ; on entrait par groupe de vingt à trente personnes par la petite porte du nord, et on pénétrait dans le chœur. Là entre l'autel et le cercueil trois prêtres ou religieux se tenaient debout et faisaient toucher à la tête et aux mains du V. serviteur de Dieu les objets de piété qu'on leur présentait ; puis chaque groupe se retirait par la petite porte du midi. Il n'y avait donc point d'encombrement, aucun désordre ; la foule était respectueuse, émue, digne en un mot du spectacle imposant qui la faisait accourir; du reste, aucun signe, aucun témoignage de culte public; les recommandations faites à ce sujet étaient exactement observées.

Les heures, cependant, s'écoulaient; nous arrivions au soir de cette incomparable journée, et il fallait se presser pour donner un dernier adieu aux restes du vénérable curé. Les Prélats accordèrent encore un délai à la piété filiale des paroissiens et des pèlerins, puis ordonnant la fermeture de l'église, ils se retrouvèrent seuls avec les membres de la commission et l'assistance du matin. Les ouvriers reprirent leurs fonctions; la bière de plomb fut scellée de nouveau, après que, sur l'ordre de Monseigneur de Belley, on eut remis un crucifix entre les mains du serviteur de

Dieu. Sur la bière de plomb Mgr Soubiranne et Mgr Caprara mirent leurs sceaux ; ensuite les ouvriers, sortant cette bière de l'ancien cercueil, la déposèrent dans un nouveau, en chêne comme le premier. Avant de le fermer, on y introduisit un étui en métal qui contenait une feuille de parchemin portant une inscription latine signée des membres du tribunal et d'une cinquantaine d'autres personnes. Cette inscription avait été lue à haute voix ; en voici la traduction :

« Le corps du Vénérable serviteur de Dieu, Jean-Baptiste-Marie Vianney, curé d'Ars, né à Dardilly, diocèse de Lyon, le 8 mai 1786, et décédé dans cette sienne paroisse le 4 août 1859, lequel corps avait été d'abord enseveli dans ce tombeau le 16 du même mois, exhumé, découvert et reconnu par Autorité apostolique, a été de nouveau inhumé en ce même lieu dans le même cercueil de plomb, mais dans un nouveau cercueil de bois, ce 12 octobre 1885. »

On ferma le dernier cercueil, et les Prélats recouvrirent encore les vis de leurs sceaux, que l'Eglise aura seule désormais le droit de briser. Quant à la première bière de chêne, le tribunal en fit réunir les débris en un faisceau lié par des attaches, scellées du sceau épiscopal, pour être conservés dans l'endroit privé où l'on garde les autres objets qui ont appartenu au V. Curé d'Ars.

Toutes ces formalités s'accomplissaient avec calme et dignité, mais l'instant le plus imposant fut celui où les conseillers et les ouvriers, reprenant sur leurs épaules leur précieux fardeau recouvert d'un drap blanc, revinrent auprès du tombeau. Les prêtres en habits de chœur, un cierge allumé à la main, entou-

— 16 —

raient le cercueil, chantant les psaumes de Laudes ; le *Gloria Patri* et le *Requiem* étaient omis ; l'Eglise, en mère prudente, ne voulait pas encore l'expression de trop de joie, mais en mère consolée elle ne voulait pas non plus les gémissements de la douleur.

On comprendra, sans que nous ayons besoin de la peindre, la beauté grave et sévère de cette dernière cérémonie ; tout se réunissait pour la rendre plus imposante encore ; les ombres de la nuit enveloppaient la petite église éclairée intérieurement par la clarté des cierges ; le silence du dehors donnait plus d'éclat au chant de la prière qui s'élevait au ciel pendant que le cercueil était redescendu lentement dans les entrailles du sanctuaire béni ; puis les dalles une à une et dans le même ordre replacées fermèrent l'ouverture du caveau. A huit heures et demie la pierre tombale gardait de nouveau son trésor, et Monseigneur de Belley, le Promoteur de la foi, les membres de la commission, les témoins et les ouvriers se retirèrent.

Le tombeau vénéré avait repris son aspect, le jour que le *Seigneur avait fait* s'était écoulé, et nos âmes pénétrées de reconnaissance, nos cœurs sous l'empire d'une profonde émotion, ajoutaient à leur prière du soir ce cri du Psalmiste : « Je vois, ô mon Dieu, que vous avez honoré vos amis d'une façon toute particulière, et leur empire s'est affermi extraordinairement. »

M., DES G. D'ARS.

Lyon. — Imp. Vitte et Perrussel, rue Sala, 58.

www.ingramcontent.com/pod-product-compliance
Lightning Source LLC
Chambersburg PA
CBHW060634050426
42451CB00012B/2591